AF190913

Lyrische Weiten

Christian Hofmann

Kapitelübersicht

Inhaltsverzeichnis
Kapitel 1 – Lyrische Weiten

Von Windeseile

Träume, Wege, Ziele

Mein großes Ziel von dem ich träume,
kann ich mit keinem teilen!
Und so spreche ich in Freiheit vor mich
hin und laufen wieder Tränen –
So höre ich das Pfeifen von Windeseile

Denn nur dem Wind erzähle ich
von all meinen Träumen und wie
schwer doch die Wege sind
Und es scheint als pfeift er mir ein Lied,
das mir da besingt;

„Deinen Weg musst du alleine gehen,
deine Tränen werde ich dir trocknen, auch
wenn sie noch so salzig sind!

Deine Schritte musst du gehen,
jeden einzelnen, also bleibe nicht stehen!
Was die Zeit auch noch so alles bringt –
Ich werde da sein, der dir deines Weges
Liedes singt!

Lebensuhr
Über Literatur und Texte verfassen

Ganz gleich wo ich mich niederlasse –
Wo ich auch sitze
Ob auf lederüberzogener Holzbank oder
am Parkplatz an der Bordsteinritze

Jeder Lebensfleck,
bei der Lebensuhr
Den Sinn in mir weckt,
für meinen Freund Literatur

In mir, da ist dieser wahrhaft
literarische Lebensgeist,
der sich Schreibleidenschaft nennt,
der da so heißt

Worte, Sätze, Reime und Verse
Auf magische Art und Weise,
sie sich im Reigen der Gefühle
auf dem Papier zusammensetzen

Meine Lebensuhr sie tickt
im Wortgefüge-Takt
Diese feine Art, mit der mich doch die
Literatur aufs Neue immer und immer packt!

Der dunkle Zauberer

Beschreibung

Der dunkle Zauberer
Unterwegs, da ist er wieder mal
Er treibt sein Unwesen –
Bringt er am Tag die Dunkelheit,
kein Weg ist ihm, zur Überbringung
der Finsternis zu weit!

Wenn keine Sterne leuchten
Wenn das Licht des Mondes erloschen ist,
so trägt er seine schwarze Magie
in Hand und im Gesicht

Er wandelt zu aller Zeiten Tage,
durch Land und Wald
Dunkel und so bedrohlich,
furchteinflößend ist seine Gestalt!

Jedes Licht, das er vermag
Bringt Dunkelheit am ganzen Tag!
Finsternis und Tod, Schatten bringt er,
schwarz färbt sich jedes Abendrot

Gedankengebet
Gedanken und Gott

An manch einem Tag weiß man
einfach nicht hin wohin
mit all den Gefühlen
Gelegentlich von Zeit zu Zeit
ist es mal so...

... Lieber Gott,
bewahre mir die Gnade und
auch bitte die Freude mir,
bei dem was ich hier tue

Diese Verbindung
Dieser Einklang,
ist Trost und Wohltun
für mein Leben lang

Weihnachtsvortag
Weihnachten der Realität

Der Vortag von Weihnachten:

Gehetze, Gedränge – Menschen
in einer einzigen Menschenmenge
Alle suchen nach Geschenken, die
Schlagen an den Kassen nicht enden

Hochbetrieb, menschliche Massen
Gekauft, bezahlt, gefüllt die Kassen!
Weihnachtslieder singen von; „Stille, Ruhe
und Besinnlichkeit"

Doch in diesem Ansturm,
in diesem Schaubild wie alle Jahre
immer wieder, da ist der Mensch doch
entfernt, und zwar sehr weit!

Jedes Jahr doch der gleiche Ablauf
Leute im regelrechten Kaufrausch!
Und dann der Übergang zur Bescherung,
voll die Teller! Vollgeschlagen ist der Bauch

Gänsebraten, festlicher Weihnachtsschmaus
Doch an die Kleinen gedacht ist auch –
Pommes-Frites mit Mayo, Geschenke
packen, all die lieben Kleinen aus, die
Freude kommt zu ihnen also auch!

Fröhliches Leben
Wünsche auf dem Lebensweg

Ich wünsche dir ein
fröhlich schönes Leben
Und eine lange, lange Zeit
Stets sanfte Sommerregen –
Und dass die Sonne immer, an allen
Tagen für dich scheint

Ich wünsche dir von
ganzem Herzen, dir mehr,
als ich es für mich selbst je wünschte,
dass du glücklich und zufrieden,
dein eigenes Leben lebst – wohin auch
immer du all deine Wege gehst

Ich wünsche dir Liebe auf deinem Weg
in jedem Atemzug,
wünsche dir, dass sich jeder kleine Wind,
nicht zum Sturm erhebt
Ich wäre gerne für immer da
Und ich würde gerne für immer bleiben
Doch ich weiß du gehst deine Wege,
du wirst groß meine liebe Kleine!

Folge deinem Herzen, höre auch auf
Kopf und Bauch
Geh dorthin, wohin dein Herz dich deines
Weges trägt

Lyrische Weiten
Lyrikwettbewerb Frankfurter Bibliothek 2022

Ich möchte wandeln durch lyrische Weiten
Unter des Himmels Längen und Breiten
Verfassen meine Texte zu allen Zeiten
So will ich, Dichter und Denker ewig,
Zeilen auf Seiten beschreiben

Ich möchte schreiben hinweg über
1000 Knoten, 1000 Meilen
Im Taumel aller Worte weilen, Zeilen
mit der Welt da draußen gerne teilen

Mit des Füllers Feder fein,
durch des Lebens Zeiten gleiten
Ich möchte der Dichter, Denker und
Verfasser bleiben, meine Gedichte schreiben

Im Fluss der Wörter-Elemente, keinen
Schluss findet jemals das Ende!
Wörterreime aneinanderreihen, mit
den Worten verbinden und gedeihen

Ein so wundervolles fortgesetztes Spiel
In Reim und Vers mit Lebenseinsatz –
Und mit so viel an Herzgefühl

Lebenslicht

Wege, Zuversicht, Glaube

Wohin des Weges, wie fern und weit,
reise ich noch meiner Zeit!?
Über lichte Höhen und durch
Täler voller Dunkelheit

Wo ist die Quelle
neuer Kräfte!?
Liegt sie etwa in
meinem Ermessen!?

Ist mein Glaube der Hoffnung
nah oder doch so fern!?
Weiß es nur der Geist der Zeit –
liegt die Antwort auf einem Stern!?

Glaube, Güte –
Und auch die Zuversicht,
Gottes Gnade, bitte
stärke sie mich!

Sende mir Trost
Gib mir Halt und in
dunklen Zeiten,
so bringe mir wieder Lebenslicht

Zauberweise
Weihnachtslyrik, Winterzeit

Sanft und still,
über Nacht, ganz leise
Da rieselt der Schnee, bedeckt
das Land auf winterliche Zauberweise

Am Morgen, wenn der Tag
zur Weihnacht erwacht –
So ist zu bestaunen, Gottes
Wunderwerk in voller Pracht!

In frostig kalter Winterzeit,
wenn Lichter die Welt erhellen
So läuten fern und hörbar weit,
die Glocken die dann schellen

Die Kalendertürchen alle,
geöffnet sie nun schon sind
Die vier Kerzen am Adventskranz
ausgebrannt, so weiß auch jedes Kind;

Das Christkind ist dieser Stunden,
nicht mehr fern –
Es wandert seines Weges nah,
unterm leuchtend hellen Himmelsstern

Bilder der Erinnerung
Lauf des Lebens

Man weiß es, man begreift es
Doch wollen wir es
nicht akzeptieren und doch
müssen wir es verstehen!

Wir werden geboren
Wir werden erwachsen
Wir lernen, wir kommen
und wir gehen

Hin und wieder an
manchen Tagen, an diesen
bin ich Tränen festgefahren
In tiefer Trauer untergegangen

Doch bleibt mir zum Trost
Bei allen die zwischen dem
Himmel und der Erde weilen,
sie sind bloß voraus gegangen

Weil wir sie doch im Herzen tragen,
werden sie niemals vergessen
Bilder der Erinnerung die uns bleiben,
bis wir uns alle eines Tages wieder treffen

Zeitgefüge
Erinnerungen, Augenblicke

Versunken in Erinnerungen
Rutsche entlang dem Zeitgefüge
Momente die mich ergreifen,
als ob ich sie noch einmal fühle

Im Kopf sind all die Bilder
In der Seele dazu der Stimmungsverlauf
Alles was so tief begraben liegt,
nach und nach decke ich es wieder auf!

Da sind Momente, Augenblicke
Zeiten liegen verstreut, die ich nie vergesse
So schön sie wieder mal zu besuchen,
ein Seelenrausch fern von Hektik und Stress

All die alten Bilder, leuchten wie
in funkelnder Echtzeit nochmal auf
Was gäbe ich nicht dafür, für nur einen Tag
nochmal zurückdrehen im Zeitverlauf

Alles geht weiter, alles zieht vorbei
Jeder Anfang rennt zu seinem Ende
Aber Bilder unsrer Seele, im Kopf,
niemand reißt sie uns aus den Händen!

Was das Leben gibt
Nachdenklichkeit, Zeitverlauf

Die besten Filme aller Zeiten,
die uns alle durchs Leben begleiten
Lieder, die uns erklingen, Lied unseres
Lebens, welches wir für immer mitsingen
Was ist es, was macht dieses Leben aus?
Melodien und Klänge, Lebensrausch
Gute Schauspieler und Herzmomente,
solche Filme dürfen nicht enden!?

Was habe ich denn erreicht?
Was ist über, was mir wirklich bleibt?
Ich habe Lieder in den Ohren, Gedanken im
Kopf, alles permanent ohne Pausen-Knopf!
Im Heute, im Jetzt und im Hier,
holen mich doch immer alte Zeiten ein
Alles was mal in meinem Leben war –
Wie eine Zeichnung, alle eins gemein

Alles Erlebte, alles Vergangene
Alles Gesehene –
Alles sind und bleiben doch die Teile
meiner Wege!
Narben, Schnitte alle Wunden noch so tief,
Freude, Lachen, Trauer, alles was das Leben
gibt!

Inhaltsverzeichnis
Kapitel 2 – Schneeflöckchen

Schreibtisch
Lyrik, Schreibleidenschaft

Mein Platz ist hinter dem Schreibtisch
An diesem Platz da schreib' ich
Da schreibe ich für dich, für uns –
Da schreibe ich für mich

Hier vergesse ich die Zeit,
hier sitzen und schreiben –
Dies könnte ich fortsetzend,
gar ewiglich

Ob Füller oder Buntstift, Kuli –
Fineliner oder Bleistift, Textmarker
oder ~Edding~, ich ziehe Strich um Strich
an meinem Platz hinter'm Schreibtisch

Ich schreibe Reime, Verse und Gedichte
Briefe, Kurzzeiliges – eine Kurzgeschichte
Die Lyrik ist so lange schon mein Zuhaus'
Sie versteht mich, darin lebe ich mich aus

Wie oft schreibe ich doch um
Herz und Seele mir die Tinte leer
Doch an diesem Schreibtischplatz, komme
ich immer wieder gerne her!

Seelenkammer
Gedankenbeschreibung

12 Uhr, 7 Minuten
Am 2. Weihnachtsfeiertag
Welch angebrochene Zeit,
welch ein Gedankenschlag

Allein sitze ich hier –
Schreibe mal wieder zu Papier,
was in meinem Kopf herum schwirrt
Wortgestolper, es umherirrt!

Fein säuberlich würde ich gern,
Linien ziehen und alles trennen
Doch die Gedanken und Gefühle,
auf und ab in mir dort rennen!

Ein einziges, Gedanken & Augenblick-
Moment-Gemisch!
Alles zieht durch Kopf und Seelenkammer,
es gibt keinen „reinen Tisch"!

Sitze ich so da mit
meiner, Gedankenschwere!
Alles geschieht zugleich –
Trauer, Rausch, Euphorie und auch Leere!

Volltreffer im Leerlauf

Wortspielerei, Gegen-Darstellung

Halbwegs auf ganzer Strecke
Es läuft rund an aller Ecke!
Volltreffer im Leerlauf!
In die Taschen rein den Ausverkauf!

Geschwindigkeitsrausch –
Im vollen Tank Benzinverbrauch!
Containervoll Leergut
Höhenflug und Schwermut!

Dosenöffner und
Vakuumverschluss
Erst totgelacht dann der
Absturz in den Verdruss!

Gewinn: Gar nix!
Verlust: Restlos alles!
Verflucht! Verflixt!
Ein Sturz des Falles!

Zu großer Wunsch
Ballade für Lyrikwettbewerb 2022

Schade, dass ich meine Welt mit all
meinen Träumen, Zielen -
Gedankengängen -
Die anhaltenden „Rauschmomente" in vollen
Längen
Die Euphorie die mich zieht, mich so
schwerelos erscheinen lässt,
nicht mit dir teilen kann!

Schade, dass die Depression, dieses
abschreckende, dämonische Gesicht,
die Dunkelheit fern dem Licht -
dich von mir doch verbannt!
Hast du denn nicht dieses Gefühl in dir, wo
ein jeder Traum entfacht, der dich packt
und sich verbreitet wie ein herrlich
breiter Flächenbrand!?
Gegangen sind die Wege auseinander, weil
dir das Leben wie es war, Genüge getan!
Doch ich der Träumer, Dichter, Denker, hat
versucht mitzuhalten, alles gleichzeitig zu
regeln, ein Plan - der nicht ging auf, weil er,
zu großer Wunsch nur war!

Ein Leuchtfeuer, in dem ich allein nun
verbrenne, bis ich lichterloh verglühe
Das matte Gefüge, Nebelrauch der ich bin in
diesem Leben, das da „wohlauf" blühe!

Seelenregen

Trauer und Leere

Ich muss Texte schreiben,
all die Teilen verfassen
Ich muss meine Texte verlesen,
in mir herrscht ein starker Seelenregen!

Ich muss in diesen Stücken
sein und leben!
Ich atme Worte und schreibe sie aus
zu meinem Überleben!

Bunt die Welt –
Meine doch nur Fasergrau!
Meine Sonne weint, doch da draußen,
scheint sie am Himmelblau!

An manchen Tagen überkommt mich
das Gefühl – „Ich kann nicht mehr"!
Jeder Hauch, jeder Atemzug,
er fällt meiner Seele schwer!

Neue Gedanken müssten blühen
Neue hoffnungsvolle Träume auch
entstehen! Doch außer Leere und Trauer, ist
für mich nichts zu sehen!

Richter & Henker
Autobiografie

Ich habe lange schon kein Leben mehr!
Gedanken sind verhärtet
und wie Blei so schwer!

Von Depression geplagt, wollte ich
solche Zeilen doch nicht mehr verfassen!
Aber diese mich einfach nicht in Ruhe
lassen!

Nicht einmal zur Weihnachtszeit
verschonen sie mich!
So schreibe ich mir in Dunkelheit, mit aller
Hoffnung mich ins Licht!

Große Träume, große Wünsche –
Trümmer und Scherben!
Was wird noch aus mir und all
meinen Zeilen werden!?

Der Dichter und Denker
Sowie Richter und Henker,
selbstkritisch verurteilend!
Selbstreflektierend und schreibend!

Ich zerlege mich wie so oft –
Diesmal sogar ins Tausendfache!
Bitter schmecken all die Tränen, höre über
mich den Teufel lachen!

Schneeflöckchen
Weihnachtsboten, Winterzauber

Schneeflöckchen fallen sanft zum Grund
auf des Erde Boden
Diese winterlichen Überbringer, es sind
selig weihnachtliche Boten

Zur festlich lichterfüllten,
herzerwärmenden Weihnachtszeit
Da machen sie sich auf,
vom Himmelsweg von fern bereit

Sie sind ein Teil der Hoffnung
für die Menschheit
Für Vernunft und für aller Herzen
Freude und Besinnlichkeit!

Eine weite Reise nehmen sie auf, fürs
Erreichen der irdischen Wesen
Wie Zauberstaub verstreut und schmilzt das
Flöckchen doch so, als wäre nichts gewesen

Weihnachtsmärkte, Weihnachtsstimmung,
in all der Weihnachtsdüfte
Bratapfel, Zimtsterne, Spekulatius,
Makronen, Plätzchen –
Weihnachtliche Atmosphäre in aller Lüfte

Was bleibt?
Literatur, Lyrik

Was ist nicht schon alles
bislang gewesen!?
Gedichte geschrieben, Bücher verfasst,
auf den Bühnen alles schon gelesen

Alles im Sturm und
Rausch der Zeit verblasst!
Der Dichter den Moment beschreibt,
den er nur im Augenblick verfasst

Nur für die Lebenszeit
Hat Fuß und Wort Beständigkeit
Denn ewig bleibt lediglich,
nur die andauernde Vergänglichkeit!

So bleibt mir, dem Autor, dem Dichter
Diese, eigene Lebenszeit
Bis ich doch grau und greise bin,
so ich dieses Leben hier beschreib'

So bleibt mir doch meiner
eigenen Literatur nur,
sie zu fühlen, sie zu leben, zu atmen –
So hautnah, ehrlich echt und pur!

Mein -TICK- #1
Lyrik-Leidenschaft

An diesem einen Tag
meiner Freizeit
Da schreibe ich ein ganzes
Kapitel; 12 Texte Lyrik!

Es ist verrückt, bin ich denn
wirklich, wie besessen!?
Es ist Verbindung, Berufung –
Leidenschaft, mein -TICK-

Was ich hier tue ist für keinen,
wohl jemals begreiflich
Selbst für mich ist es gar, teilweise
außergewöhnlich, so unbeschreiblich!

Ich sitze da, es fließt –
Es strömt in mir!
Die Worte finden einander,
purzeln dann nach und nach zu Papier!

Hier schwinden Ängste und Sorgen!
Zweifel, Trauer und Tod!
Ich schreibe um das Leben!
Gegen Elend, Leid und alle Not!

Mein -TICK- #2
Lyrik-Leidenschaft

Überwältigend, zerreißend
So wirkt der Strom, wenn er fließt
Wenn er mich packt, mich ergreift,
wie jedes Wort blüht und sprießt!

Es ist wie eine wahre
Lebensexplosion!
Einzigartig, atemberaubend diese
Eingebung, diese Schriftstück-Situation!

Ich kann es nicht teilen
Nur in diesen Sekunden, die Wunden heilen!
Für kurze Zeit ist all der
Schmerz, die Trauer vergessen!

Ich kann es leider nicht teilen
Nur beschreiben diese Zeilen –
Für diesen Augenblick ist
Leid, Kummer, Elend regelrecht zerfressen!

Keiner weiß um diese Notwendigkeit
Um diese Dringlichkeit meiner Berufung!
Freizeit für Schriftstücke! In der Realität,
da ist diese Zeit leider wieder um!

Die Unendlichkeit der Reime
Schreibleidenschaft

Es ist die Faszination, die
entfachte Leidenschaft – besinnt
Vielleicht auch Penetration!
Doch in meinen Schriften da stimmt;

Einfach jedes Wort
in seinem Zeitgefühl!
Hier ist es nahezu zeitlos,
denn es ist Ort und Ziel!

Ich muss schreiben
Ich muss das Schreiben leben
Meine einzige Möglichkeit,
hier zu überleben!

Ich kann es keinem erzählen, ich kann es
nicht erklären, nicht drüber reden!
Denn bei aller Müh, bei allem Verständnis
Es wird niemals jemand nur einen Hauch
verstehen!

Die Unendlichkeit der Reime,
wie am Strand 1000 Meeressteine
Wie Sonne sinkt und steigt,
Tag um Tag, den ich schreib'

Cappuccino und ‚Diesel'

Ritual meines Schreibens

Mit Cappuccino und
dazu mit einem ‚*Diesel'*
Da schreibe ich so gern, herrlich lange,
an Tagen wie diesen

Weil die Reime sprießen,
aus den Gedanken die da fließen
Bis dann einer der Gastgeber sagt;
„Der Herr, wir schließen"!

Cappuccino und ein ‚*Diesel'*
Kaffee und ein Bier!
Dazu Füller, Feder, Tinte –
Schreibbuch mit Papier!

Mit Cappuccino und ‚*Diesel'*
So schließe ich dieses Kapitel
Cappuccino und ‚*Diesel'*
So beschließe ich, heißt dieser Titel

‚Diesel' = im hessischen Hinterland bei Marburg-Biedenkopf umgangssprachlich für „Cola mit Bier"

Inhaltsverzeichnis
Kapitel 3 – Vom Wunschberuf

Tankstellen-Coupon

Aus dem Alltag

Mir gehen gerade Zeilen durch den Kopf
Ich habe nichts außer diesen Tank-Coupon
dabei den ich beschreiben kann, so wird
irgendwann beim Einlösen des Coupons,
dieser Text hier verloren gehen, ohne
Aufmerksamkeit zu erlangen

Jetzt verlieren sich die Gedanken zu dem
Coupon und was wohl aus ihm werden wird,
in mein Buch schafft der Text es jedoch, ja!
Doch ohne einen Anblick wird er gescannt,
vernichtet, entsorgt, so viel ist sicher, es ist
klar!

Es würde mich auch wundern, wenn diesen
Coupon jemand aufbewahrt, kleine Notiz,
kleine Botschaft, die lediglich gelotst wird,
bis man diesen Coupon vorschriftsmäßig
entsorgt hat

Auf diese 3-fach Punkte, schreibe ich mein
3-fach Hoch – zum Übertrag ins Buch, ist
der Text dann dort, lasse ich ihn an der
Tanke beim nächsten Tanken wieder los!
Die letzten Worte die ich vernehme, die ich
lese; „Bon-Datum = Leistungsdatum, so geht
der Coupon zur Einlösung und anschließend
der Entsorgung zur Tanke zurück!

Einlösbar ist er an allen teilnehmenden
Tankstellen, witzig ist doch, wie der Coupon
mich vom eigentlichen Text nun abbrachte!

Ein Textinhalt, an den so also nun nicht
vorher gedacht war – so geht dieser
Quittungstext aus 2021, ins Buch 2022 über

Vollgeschrieben habe ich nun beide Seiten!
In all die Lücken haben meine Zeilen
gepasst!
Der Barcode ist noch leserlich, noch
erkennbar, also vollständig bei der nächsten
Tankfüllung einlösbar!

So bleibt nur auf dem dünnen Couponpapier
ein Teil meiner Bleistiftmine zurück
Hier am Ende meiner literarischen Kurztext-
Gedankenlinie, auf diesem Zettelstück!

Der hallende Ruf
Autobiografie

Hocken könnte ich
am letzten Straßenrand!
Verloren in Gedanken,
fern jedem festen Stand!

Tränen brennen im Innern
Wie Whisky in der Wunde!
Es läutet laut ein, des
Verlierers Stunde!

Der Wunsch doch ist,
in Leichtigkeit zu leben
Müsste ich den harten Kampf,
um meine Träume aufgeben!
Wie sehr ich es auch wünsche
Wie sehr ich es auch möchte –
Ich kann es, einfach nicht!
Denn sonst sterbe ich!

Zerschlagene Träume,
die mich ewig begleiten
Muss mich des Lebens Frieden,
ständig mit der Welt doch streiten!

Der große Traum der Ausführung
von meinem Wunschberuf
Er bleibt nur Wunsch und auf ewig in mir,
dieser sehnsüchtige hallende Ruf!

Pascals Leben

Autobiografie Pascal, Autor Christian
(BAUWAGEN OPEN AIR 2022) Lahnau, Hessen

Schicksalsmomente
Bilder meines Lebens,
die ich mit euch teile
Viele Steine liegen meines Weges

Mein Leben war nicht immer leicht!
Es kennt keine Gnade!
Viele falsche Freunde,
jeden Preis, den ich doch bezahlte!

Wenige und nur falsche Freunde
Frauen die mich verarschten!
Hoffnung ich in der Musik fand,
ich blühe auf, wenn ich am Schlagzeug
meine Takte schlag'

Trost und Kraft
finde ich in der Musik
Gute Freunde im Umfeld,
wertvoller als jeder Mosaik!

Ich habe gute Freunde verloren
Gefühle waren; „Das Leben ist scheiße"!
Einsamkeit in der Wohnung –
Selbstmordgedanken!
Doch in der Musik geht mein Herz auf
Und ich betrete nun mit euch die Reise

Mein Aufenthalt in der Psychiatrie
Innerlich aufgestaut
Darüber sprach ich offen hier noch nie!
Da steckt noch mehr unter meiner Haut!

Die gute Arbeit in der Baumschule
Die Arbeit in Heuchelheim
Gute Freunde: Colin, Larissa, Markus,
Marion –
Es war eine gute Zeit, ich möchte mich
erkenntlich zeigen!

Die Arbeit am Bauernhof bei Martin
Nur einer der wenigen Menschen,
der mich versteht, ich habe ihn gern!

Auf dem Land bin ich groß geworden
Mädels wollten immer Geld für Nummern
haben!
Wie oft war doch da Liebe im Spiel!
Gleich verliebt Narben, die ich mit durchs
Leben trage

Meine Operationen in der Kindheit
Im Leben, schon zu so früher Zeit!
Suizidversuch!
Bei allem was war und was ich auch versuch

IN DER MUSIK GEHT MEIN HERZ AUF;
Bridge/Refrain

In der Musik geht mein Herz auf
Hier kann ich vergessen was mal war!
All das Erlebte und der Schmerz –
Für sie bin ich so unerreichbar!

Jetzt kommt meine Zeit!
Bauwagen-Open-Air in 20 -zwei-zwei
Alles auf das, was mal war! Ich schätze den
Weg, ich bin für einiges doch dankbar!

1000 Gesichter
Aus dem Leben

So sitze ich immer wieder,
wie eine Art „therapeutischer Zweck"
In all den Cafés und Bars
Und da schreibe ich Text um Text

Jeden Tag andere Gesichter
1000, bestimmt schon gesehen!
Alles schon mal wahrgenommen,
doch die Leute kommen und sie gehen

Auch ich komme und gehe, ich
trete ein zu diesen Augenblicken
Doch sitze ich und schreibe ich doch
nur aus „therapeutischen Zwecken"

Ich zerkaue und zerkleinere
Ich mahle altbekannte Sorgen klein
Immer wiederkehrende Gedanken,
vertrautes Leid und Kummer lassen mich
nie allein!

Der Schädel ist so voll mit irgendwelchen
herumirrenden Gedanken beladen –
Auf der Suche nach Sinn und Verstand,
es quälen mich mehr als 1000 Fragen!

Abtauchen

Träume

Abtauchen in bessere Zeiten
In völlig andere Welten
Da wo Träume träumen, noch was zählt
und große Wünsche noch etwas gelten!

Mit Elfen und Feen, in die
Ferne auf weite Reise gehen
Sternenstaub versprühen
Schlechte Laune vergessen machen!

Zauberer und Trolle, es ist so
märchenhaft dies anzusehen
Den Staub von den Händen pusten,
Kummer und Ärger vergessen lassen!

So Vieles geht unter!
Zu Vieles zieht einfach vorbei!
Alles was der Alltag verschluckt!
Es ist weg und es bleibt keine Zeit!

Wieder bewusster leben!
Bewusst die Zeit wahrnehmen!
Abtauchen in andere Welten,
alles wieder fühlbarer, echter erleben!

Manche Texte
Depression und düstere Aussicht

Die einzige Betäubung,
die Linderung –
Welche ich in Erwägung ziehen kann
gegen Geister, Schatten und Dämonen

Es ist, zu schreiben –
Auf Papier mit meinem Gedankengut!
Tinte die fließt, gegen die Monster,
die alle in mir wohnen!

So klingen manche Texte, weiß ich –
Wahrlich nicht sehr schön!
Doch ich muss sie so schreiben,
wird es die Welt auch niemals verstehen!

Möchte ich auch manches Mal,
doch gar nicht schreiben!
Doch wird mir im Kampf gegen die
Dämonen, nichts anderes übrigbleiben!

So zieht also auch leider
hier durch dieses Buch,
das Gift die dunkle Spur –
zwischen allem Segen wie ein Fluch!

Ich möchte etwas tun

Berufung, Literatur, Schriftsteller

Aus ganzem Herzen, aus
voller Überzeugung mit
Hingabe und Leidenschaft, mein Können
zeigen, meiner ganzen Eigenschaft!

Ich möchte etwas tun;
Für dass ich wirklich lebe!
Wo ich aufblühe, durchatme, wo ich
vollen Einsatz mit Herzensfreude gebe!

Ich möchte genau dies hier aus meiner
Berufung tun! Schreiben, jeden Augenblick
Alles mit den Menschen teilen, denn was ich
teile, kommt ins eigene Herz –
Schritt um Schritt, Stück für Stück zurück!

Mit voller Wucht und mit
vollem Einsatz!
Dies steht hier nicht nur mal so eben,
als ein nebenstehender Begleitsatz!

Meine Berufung ausüben
Diese ausführen
Ich will und muss sie leben,
fühlen und inne spüren!

Mein Zuhause
Autobiografie, Zweifel, Gedanken

Wo finde ich Heimat?
Wo habe ich sie vielleicht verlassen!?
Hatte ich das Glück schon in den Händen?
Konnte ich es eben nur nicht fest genug
ergreifen, es nicht fassen!?

Habe ich mein Zuhause,
denn nicht als Zuhause erkannt?
Was ist mit mir geschehen?
Was ging in mir vor?
Bin ich völlig ausgebrannt!?

Ist es bloß die Realität?
Der bislang gegangene,
völlig „verranzte" Lebensweg!?

Wären die Dinge so, wie ich sie
doch alle nur zu gerne hätte –
Wäre ich dann anders?
Ich weiß es nicht!

Es ist eine Wahrscheinlichkeit,
die ich so gerne für mich selbst
berechnet hätte!

Welches Lied

Gedanken, Lebensweg, Lieder

Welches Lied fängt mich
in diesen Tagen auf?
Welche Klänge passen gerade jetzt
zu meinem Tagesverlauf!?

Stürmisch ist es zurzeit
Ich laufe durch Tag und Nacht,
durch Nebel und Dunkelheit
Ich liege manche Nächte wach!

So viele Straßen, so viele Wege,
die sich mir erschließen
Bin ich am Bremsen?
Oder in den Linien doch am Fließen!?

Klopfe ich an,
an der Himmelstüre!?
Weil ich doch weiß,
nichts ist für die Ewigkeit!

Oder sage ich mir doch,
„Der Himmel kann warten"!
Das Programm ist so voll und so lang!
Und jetzt kommt meine Zeit!?

Gläser & Flaschen
Erinnerungen und Gedanken

Geordnet stehen all die
Wein,- und Sekt,- Champagnergläser
Der Größe nach so fein sortiert

Auch die Flaschen von Schnaps,
Whisky und Alkohol, Spirituosen –
Der Anblick, er fasziniert!

Welche wohl der edlen Stoffe,
verbergen den mundigen
Erinnerungsgeschmack!?
Ach, eigentlich nur die Ansicht, die mich
inspiriert, weil ich doch das Zeugs nicht
anpack!

Der Blick auf die Bar, bis
hinter den schönen Tresen
Er lässt mich nicht los, er
lässt mich in den Regalen lesen!

Ewig lange könnte ich doch
in diesen Zeilen weilen
Ich hangele mich entlang,
all der Erinnerungen alter Zeiten!

Allerletzte

Gedanken, Gefühle

Die letzten Träume,
sie lösen sich auf wie der Schnee
Doch neue Ziele blühen,
leuchten auf wie das Neujahr!

Chancen die vergehen, kommen
nicht zurück! Gell, nee!
So hoffe ich doch sehr, dass die letzte,
nicht die allerletzte war!

So versinke ich in Gedanken
Wie die Sonne am Meer
So verstricke ich mich in Gefühlen
Wie der Stab in der Wolle!

Ich ertrinke im Rausch,
mancher vorbeiziehender Bilder
Hochglanz und seitenmatt –
Ich bin hin und weg, wie von der Rolle!

Ich hoffe die letzte Chance,
war noch nicht die allerletzte!
Ich glaube an weitere, denn es heißt ja;
„Mit dem Glauben, wirst du Berge
versetzen"!

Vom ~Nero~ aus Marburg

Lyrik aus Marburg

An meinem heutigen freien
Urlaubstag, da sitze ich
an meinem neuen Buch, welches
hier in Marburg an der Lahn entsteht

So beschreibt es die Zeile,
so hält es die Zeit darin fest
Aus der Stadt Marburg, in alle Welt
jedes meiner Gedichte doch geht

Die ~Brüder Grimm~Stadt
Die Stadt der ~Heiligen Elisabeth~
Grüße aus der Universitätsstadt vom
Landgrafen Philipp

Aus dem schönen
Marburg an der Lahn in Mittelhessen
Die Stadt aus der ich diese –
Grüße-Reime verschick'

Im kalten trüben grauen
winterlichen Dezemberhauch
Keine Sonne, wenig Schnee –
OB ~Frau Holle~ ihn wohl selbst gerade
braucht!?

Inhaltsverzeichnis
Kapitel 4 – Seit du da bist

Seit du da bist
Widmung für meine Tochter

Ich bin froh, dass es dich gibt
Ich bin so froh, dass du da bist
Du bist das Beste in meinem Leben
Ich möchte, dass du das auch weißt!

Glück und Liebe
Sonne und Wärme
Seit du da bist, weiß ich es erst –
Was LEBEN wirklich heißt!

Ich möchte, dass du immer
Sonnenschein an deinen Tagen hast
Dass, du nicht aufgibst, auch wenn du
mal vielleicht eine Chance verpasst!

Ich möchte so sehr, dass du doch glücklich
und zufrieden wirst
Ich wünsche es dir alles, von ganzem
Herzen und mehr als ich es jemals zu
schätzen wüsst'

Du bist mein Sonnenschein
Du bist mein Sonnenkind
Bist und bleibst mein Ein und Alles!
Bei allem was, davongetragen hat der Wind!

Lyrik-Bude
Lyrik aus Marburg an der Lahn

Mein Umzug in
eine andere, neue Wohnung
In eine 1-ZKB-
Studentenstube

Ich nutze sie als
Schreibzimmer mit
Schlafgelegenheit, meine –
Spektakuläre Lyrik-Bude

Bescheiden weiß sind und bleiben,
hier alle vier Wände
Alles was hier wichtig ist, am Papier und
Laptop, sind Kopf und beide Hände!

Die Texte alle doch entstehen
Oder bzw. zumeist, in der Stadt
In der Lyrik-Bude, ich nur Laptop,
fürs Buchformat ich nutze und hab'

So ist und bleibt die Stadt
Doch eine vielfältige Inspiration
Ohne dies groß beschreiben zu müssen,
glaube ich, merkt man in den Zeilen schon

Marburger Bilder
Marburg an der Lahn

In meiner Bude hängen
Bierdeckel und Gratispostkarten
Bilder habe ich überwiegend digital
Von der Stadt und vom ‚Botanischen Garten'

Von den ~Lahnwiesen~
Vom ~Grüner Wehr~
Und auch vom ~Erlenring~

Alles am Laptop,
in Wehrda hoch oben am Berg
Am ~Sachsenring~

Ich verfasse meine Lebzeit
In Wort und Schrift
Mein Weg ist noch weit,
der für mich zu gehen ist

Marburger Tage, Marburger Abende
Und auch die Nächte
Bühnenlesungen, mein Leben –
Das Wahre und das Echte!

Ich, der Dichter und Denker
Autor und Hobbybuchschreiber
Lyrik und Geschichtenverfasser,
lebe und liebe das Schreiben

Merk mir!
Autobiografie, Träume und Ziele

Leute die dein Tun,
deine Werke belächeln und
über diese reden, sie tun es weil
sie sich selbst nicht vom Fleck bewegen!

Leute die dich belächeln und
keine ernstgemeinte Kritik dir geben –
Diese wollen, dass du aufgibst, denn
darüber können sie dann reden!

Glaubst du selbst an deine Träume!
An deine Ziele und an deine Wege!
Nur du selbst, niemand sonst –
Wird diese weiten Schritte gehen!

So schreibe ich mir selbst,
hier zur Erinnerung
Um es zu verinnerlichen,
ich mir also darum;

„MERKE ES MIR"!
„MERKE ES MIR"!
Denn, wenn ich es mir merk,
bleibe ich dran, an meinem Lebenswerk!

Glücksbringer

Beschreibung

Man kann ihn auf allen Wegen
des Lebens gebrauchen
Man kann ihn tragen um den Hals
oder aber auch an Arm oder Finger

Vielleicht auch an der Nase
Es ginge auch im Bauchnabel
Eventuell am Ohr als Ohrring,
einen kleinen Glücksbringer

Man kann ihn auch in Form
eines Motives auf dem Shirt tragen
Er kann glitzernd, Silber oder Gold
sein oder bunt in allen Farben

Vielleicht ist er auch ein vierblättriger Klee
Vielleicht ist ein gefundenes 1-Cent-Stück
Was es er auch ist, aus was er besteht,
der Glücksbringer, bringt das Glück

Ist der Glücksbringer vielleicht auch
zeitgleich ein Schutzengel,
ist er ein Talisman!?
Erstaunlich wie wir Glück definieren,
wie, Glück bringen – doch aussehen kann!

-Einwurf-

Gefühlszustand in Depression

Wie die Leute einen
wahrnehmen –

Man wirkt zufrieden und so
bodenständig
Doch im Innern zieht es
einen in die Tiefe,
es reißt einem den Boden
unter den Füßen weg!

Menschen, die dich von
außen betrachten und
beschauen
Eine sehr lange und noch
längere Zeit, diese aber nicht
das Geringste erblicken,
sehen und verstehen...

Zauberhand/frostig

Mein Empfinden über die Winterzeit

Begeisterst du auch
Groß und Klein
So wird es bei mir aber –
Niemals sein!

Verzauberst du auch
Land und Fleck,
weil du es mit weißem
Pulverschnee bedeckst
Menschen die zu deiner Zeit
Lichter brennen lassen,
ist alles was ich mag und
warmer Tee und Kaffee in den Tassen

Du kommst im Zeitverlauf, mit
des Winters Zauberhand
Doch kann ich dir nichts abgewinnen,
denn dein Atem-Hauch ist so eiskalt!

Dein Frost geht durch Mark
und Bein, durch die Haut!
Mit dem letzten Tag der Winterwitterungs-
Zeit atme ich wieder auf!
Du bringst zu wenig Sonne
Dein Herz es ist so eisigkalt!
Schwer fällt jede Wärme, nur der winterliche
Zauber, dein Bild so einzigartig malt!

Schlüssel
Zugang zum Herz und zu den Träumen

Wird es jemals in diesem Leben,
diesen einen Schlüssel geben!?
Dieser einmalige, einzigartige und
Nicht-nachmachbare Schlüssel, der mein
Herz öffnet, der Mensch, der diesen
Schlüssel besitzt und mein riesig-großes
Herz versteht, die Träume teilt, mich
einfängt, wenn ich zu weit davon treib,
der meine Wege vielleicht mit mir geht!?

Würde jemand, jemals diesen Schlüssel
besitzen und wertschätzen, wüsste dieser
Mensch um meine unendliche Weite – um
meine träumerische Fülle und Breite zu
lieben, zu leben, zu fliegen zu schweben!?

Würde dieser Mensch alles daransetzen und
geben, diesen Schlüssel nicht zu verlieren in
diesem Leben!?

Ein Schlüssel zu meinem Herzen, für die
Zeit, wenn ich allein bin und meine Träume
in großer Freude explodieren, könnte dieser
Mensch mich verstehen, mich lieben, mich
akzeptieren, würde er mir alles geben!?
Besäße er nur diesen einzigen Schlüssel,
wäre es die Chance in diesem Leben???

Meine Einsamkeit, meine Einzigartigkeit,
meine Schreibverrücktheit, meine benötigte
Dichter-Denker-Verfasser-Freizeit –
Diese Ruhe und Stille, die der Autor doch
braucht,
würde dieser Mensch mit diesem passenden
Schlüssel mich meines Lebensrausches
berauben!?

Smaragdgrün
Schätze, Menschen, Leben

Edelweiß und Rubinrot
Durch jeden Sturm in aller Not
Schimmernd glitzernde Kristalle
Wertvolle Schätze, wir sind sie alle!

Edelstein und Diamant
Tagesdieb und Scharlatan
Trickbetrüger, Perlenglanz
Eisvogel und Feuer-Phönix,
mit Leib, Herz und mit Seele –
Aber immer, voll und ganz!

Schau wie schön doch all
die Röslein blühen
Sie zu rupfen, zupfen,
zum Sträußchen reißend aus
der Erde binden

Wie wertvoll ist der Juwel
in Smaragdgrün!?
Der Mensch in Steinen und im
Bodenfund Wert entdeckt, den
die Menschen aber bei sich wohl
niemals finden!

Wippe
Menschen und Leben

In der Wiege des Lebens liegen
Unversehrt und voller Lebensliebe

Doch die Welt sich dreht
Und die Wiege sie wippt
Gerät sie aus dem Gleichgewicht,
das kleine Kindlein in der Wiege kippt!

Stürme und Flüche
Regenschauer und Finsternis
Sonne und hellfunkelnde Sterne
Trostvoll strahlendes Mondlicht

Stürme ziehen vorbei
Die starken unsanften Winde legen sich
Die Sonne sie scheint,
sie bringt Hoffnung und ins Leben Licht

Und das Kindlein es liegt
in der Wiege und die Wiege wippt
Um jedes Unheil, um alle Sorgen –
Gottes Gnade, Gottes Güte bewahre,
dass die Wippe kippt!

Wünschen
Autobiografische Gedanken

Kann ich in aller Form, in ganzer
Gestalt eine neue Quelle finden?
In aller Versöhnung mit der Welt,
kann ich blühen und kann ich alte Pfade
denn verlassen und überwinden!?
Gibt es noch eine einzige, vielleicht
die letzte Chance – mit Gottes Segen und
Frieden, diese Welt in wahrhaftig ehrlicher
Liebe noch zu lieben!?
Eine neue Zeit bereisen und aller
Dummheit fliehen,
folgen all den Weisen!?
Möchte dem Schmerz, der Trauer,
auch der Wut, ganz neue Gestaltung geben,
Ausdrucksformen im bunten Untermalen
leben
Ist die Hoffnung um mich noch
nicht ganz verloren!?
Bin ich der Einsicht, der Erkenntnis gefallen,
hat Gott mich neugeboren!?
Frieden im Herzen tragen
Mit diesem durch Welt und Zeitgeschehen
gehen, wo in mir Feuer und Wasser sich
vermischen, Hass und Wut erlischt, da
besteht noch Hoffnung um mich und
meinen Geist!?

Ich würde es mir wünschen!